Impressum
Verlag: BABADADA GmbH, Nedderfeld 112 , 22529 Hamburg
Geschäftsführer / Verlagsleitung: Harald Hof
Druck: Books on Demand GmbH, In de Tarpen 42, 22848 Norderstedt

Imprint
Publisher: BABADADA GmbH, Nedderfeld 112 , 22529 Hamburg, Germany
Managing Director / Publishing direction: Harald Hof
Print: Books on Demand GmbH, In de Tarpen 42, 22848 Norderstedt, Germany

# 学校

# iskola

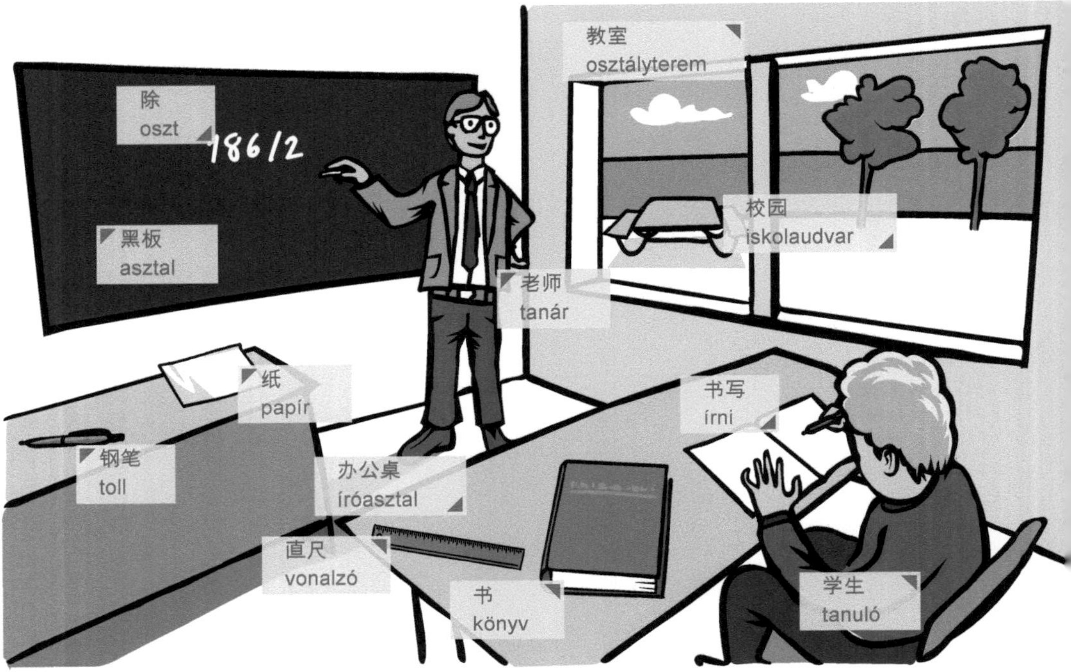

教室
osztályterem
除
oszt
186/2
黑板
asztal
校园
iskolaudvar
老师
tanár
纸
papír
书写
írni
钢笔
toll
办公桌
íróasztal
直尺
vonalzó
书
könyv
学生
tanuló


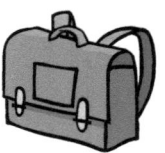

书包

iskolatáska

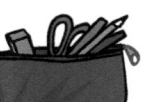

铅笔盒

tolltartó

铅笔

ceruza

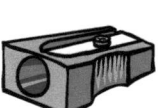

卷笔刀

ceruzahegyező

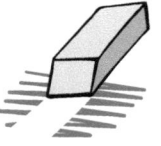

橡皮擦

radír

画板

rajzfüzet

图画
rajz

画笔
ecset

颜料盒
festőkészlet

剪刀
olló

胶水
ragasztó

练习册
munkafüzet

家庭作业
házi feladat

**12**

数字
szám

**2+2**

加
összead

**5-2**

减
kivon

**2×2**

乘
szoroz

计算
számol

**A**

字母
betű

ABCDEFG
HIJKLMN
OPQRSTU
VWXYZ

字母表
ABC

**hello**

字
szó

课文

szöveg

读

olvasni

粉笔

kréta

上课

tanóra

登记

napló

考试

vizsga

证书

bizonyítvány

校服

iskolai egyenruha

教育

oktatás

百科全书

enciklopédia

大学

egyetem

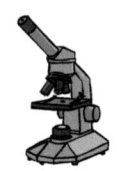

显微镜

mikroszkóp

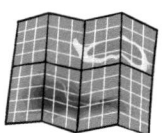

地图

térkép

废纸筐

papír-hulladék gyűjtő

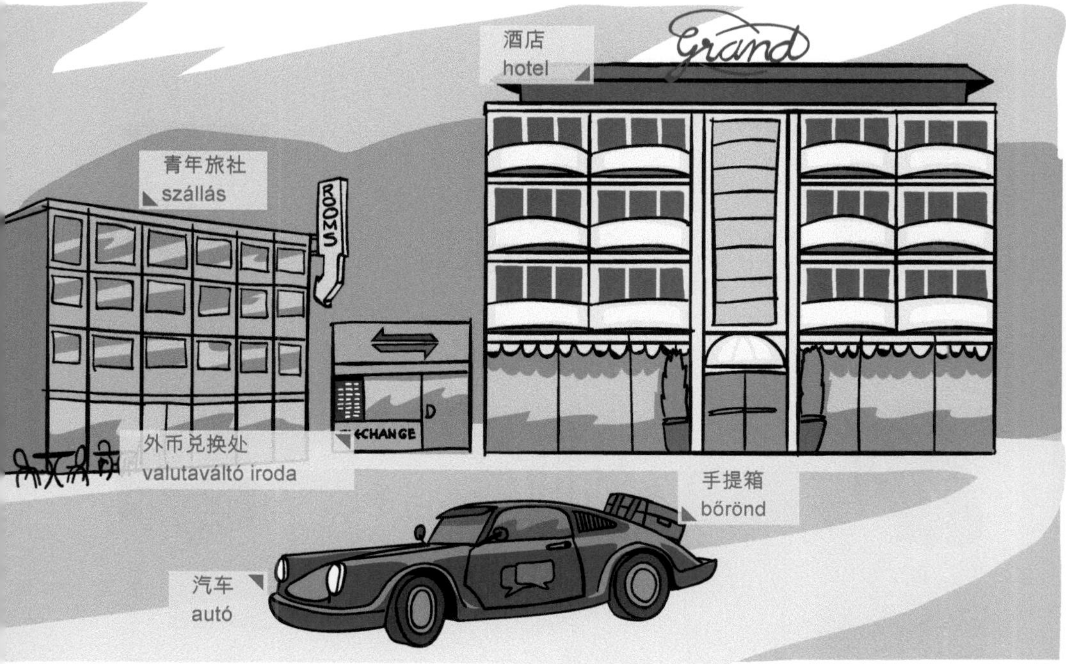
酒店
hotel
Grand
青年旅社
szállás
ROOMS
外币兑换处
valutaváltó iroda
EXCHANGE
手提箱
bőrönd
汽车
autó

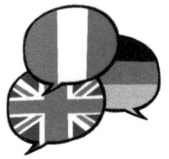

语言

nyelv

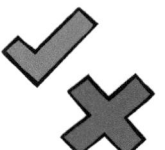

是/否

igen/nem

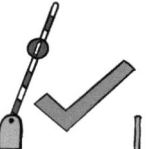

好的

rendben

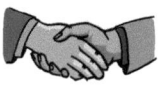

您好

szia

翻译员

fordító

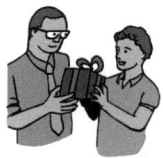

谢谢

köszönöm

……多少钱？

mennyibe kerül…?

我不明白

nem értem

问题

probléma

晚上好！

Jó estét!

早上好！

jó reggelt!

晚安！

jó éjszakát!

再见

viszontlátásra

方向

útirány

行李

poggyász

包

táska

双肩包

hátizsák

客人

vendég

房间

szoba

睡袋

hálózsák

帐篷

sátor

旅游信息

turista információ

海滩

strand

信用卡

hitelkártya

早餐

reggeli

午餐

ebéd

晚餐

vacsora

票

jegy

电梯

lift

邮票

bélyeg

边界

határ

海关

vám

大使馆

nagykövetség

签证

vízum

护照

útlevél

# 交通运输

# közlekedés

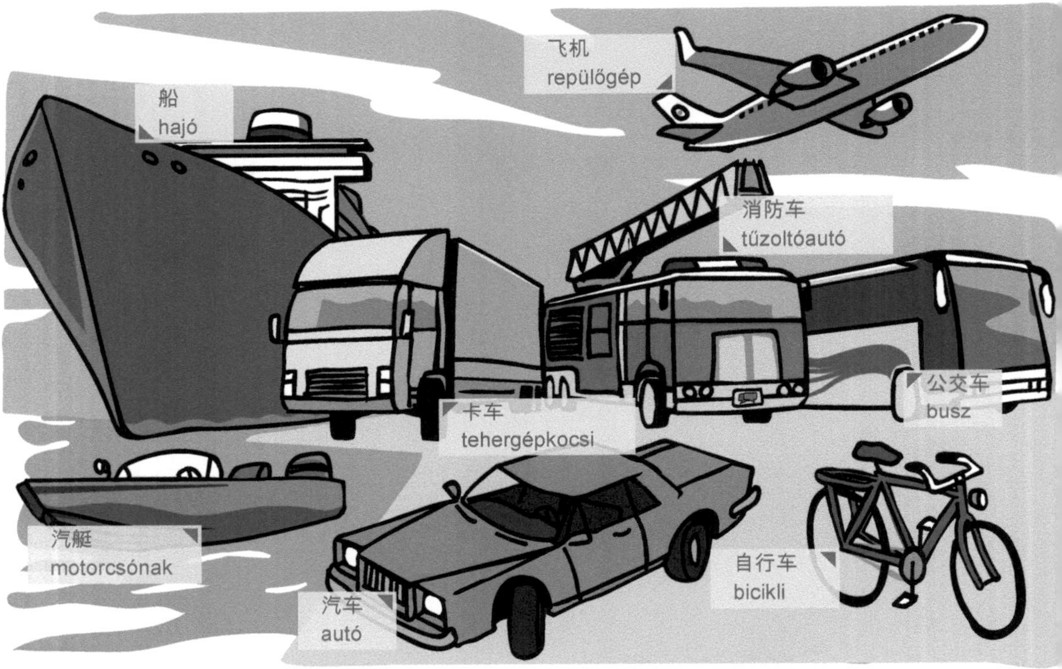

飞机
repülőgép
船
hajó
消防车
tűzoltóautó
公交车
busz
卡车
tehergépkocsi
汽艇
motorcsónak
自行车
bicikli
汽车
autó


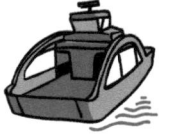

摆渡船

komp

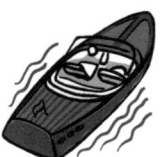

小船

csónak

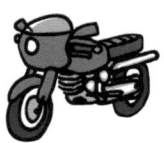

摩托车

motorkerékpár

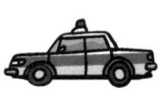

警车

rendőrautó

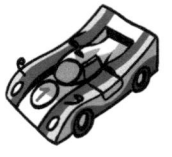

赛车

versenyautó

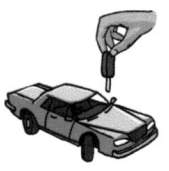

租车

bérautó

拼车

telekocsi

拖车

vontató

垃圾车

szemetes autó

发动机

motor

汽油

üzemanyag

加油站

benzinkút

交通标志

közlekedési tábla

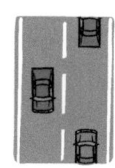

交通

forgalom

交通堵塞

forgalmi dugó

停车场

parkoló

火车站

vonatállomás

轨道

sínek

火车

vonat

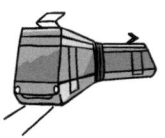

电车

villamos

货车

vagon

交通运输 - közlekedés

直升机

helikopter

机场

repülötér

塔

torony

乘客

utas

集装箱

konténer

纸板箱

kartondoboz

手推车

taliga

篮子

kosár

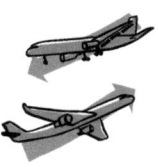

起飞/降落

felszáll / leszáll

## 城市

## város

村庄

falu

市中心

városközpont

房子

ház

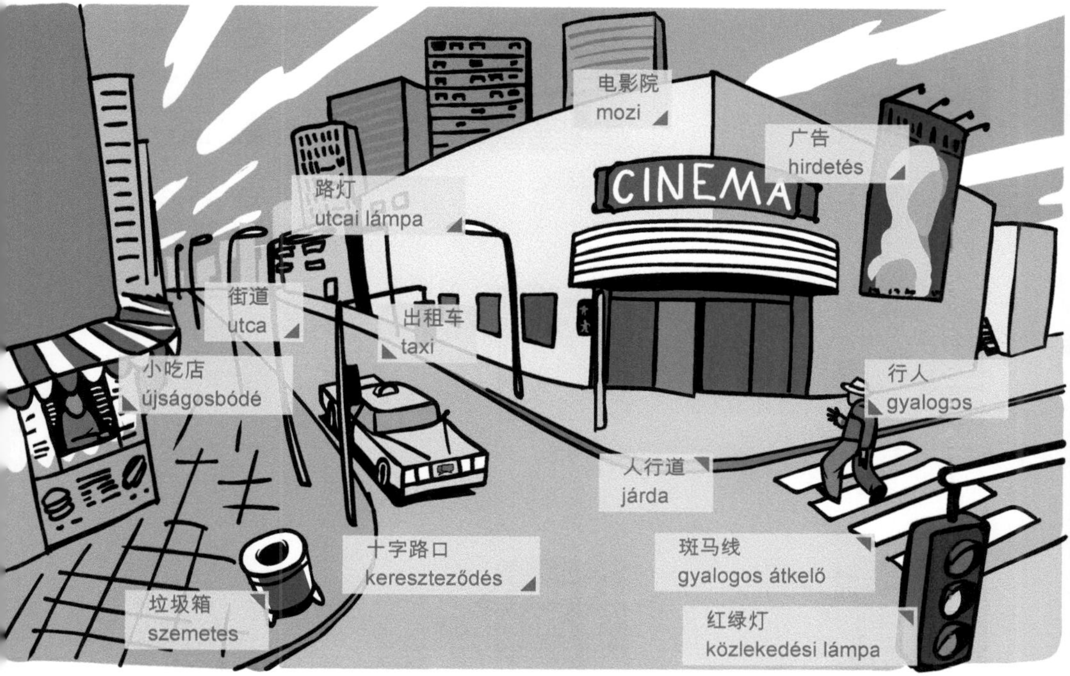

电影院
mozi
广告
hirdetés
CINEMA
路灯
utcai lámpa
街道
utca
出租车
taxi
小吃店
újságosbódé
行人
gyalogos
人行道
járda
十字路口
kereszteződés
斑马线
gyalogos átkelő
垃圾箱
szemetes
红绿灯
közlekedési lámpa


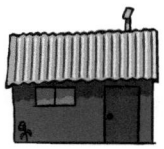

小屋
kunyhó

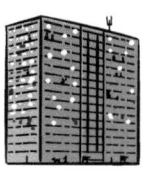

公寓
lakás

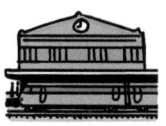

火车站
vonatállomás

市政厅
városháza

MUSEUM

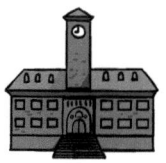

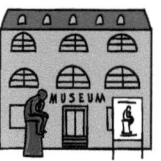

博物馆
múzeum

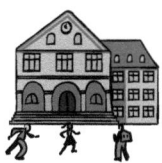

学校
iskola

大学

egyetem

银行

bank

医院

kórház

酒店

hotel

药房

gyógyszertár

办公室

iroda

书店

könyvesbolt

商店

üzlet

花店

virágüzlet

超市

szupermarket

市场

piac

百货商店

áruház

鱼店

halárus

购物中心

bevásárló központ

海港

kikötő

公园
park

长凳
pad

桥
híd

楼梯
lépcső

地铁
metró

隧道
alagút

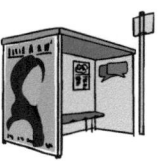

公交车站
buszmegálló

酒吧
bár

餐馆
étterem

邮筒
postaláda

路标
utcatábla

停车计时器
parkoló óra

动物园
állatkert

游泳馆
uszoda

清真寺
mecset

农场
gazdálkodás

污染
környezetszennyezés

墓地
temető

教堂
templom

操场
játszótér

寺庙
szentély

# 地形
## táj

树叶
levél

指示牌
útjelző tábla

路
út

草地
rét

石头
kő

树
fa

徒步旅行
者
túrázó

河
folyó

草
fű

花
virág

峡谷
völgy

山
domb

湖
tó

森林
erdő

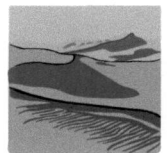

沙漠
sivatag

火山
vulkán

城堡
kastély

彩虹
szivárvány

蘑菇
gomba

棕榈树
pálmafa

蚊子
szúnyog

苍蝇
légy

蚂蚁
hangya

蜜蜂
méhecske

蜘蛛
pók

甲虫

bogár

青蛙

béka

松鼠

mókus

刺猬

sündisznó

野兔

nyúl

猫头鹰

bagoly

鸟

madár

天鹅

hattyú

野猪

vaddisznó

鹿

szarvas

麋鹿

rénszarvas

水坝

gát

风力发电机

szélturbina

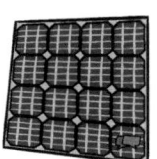

太阳能电池板

napelem

气候

éghajlat

# 餐馆
# étterem

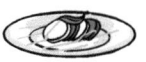

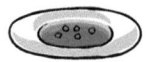

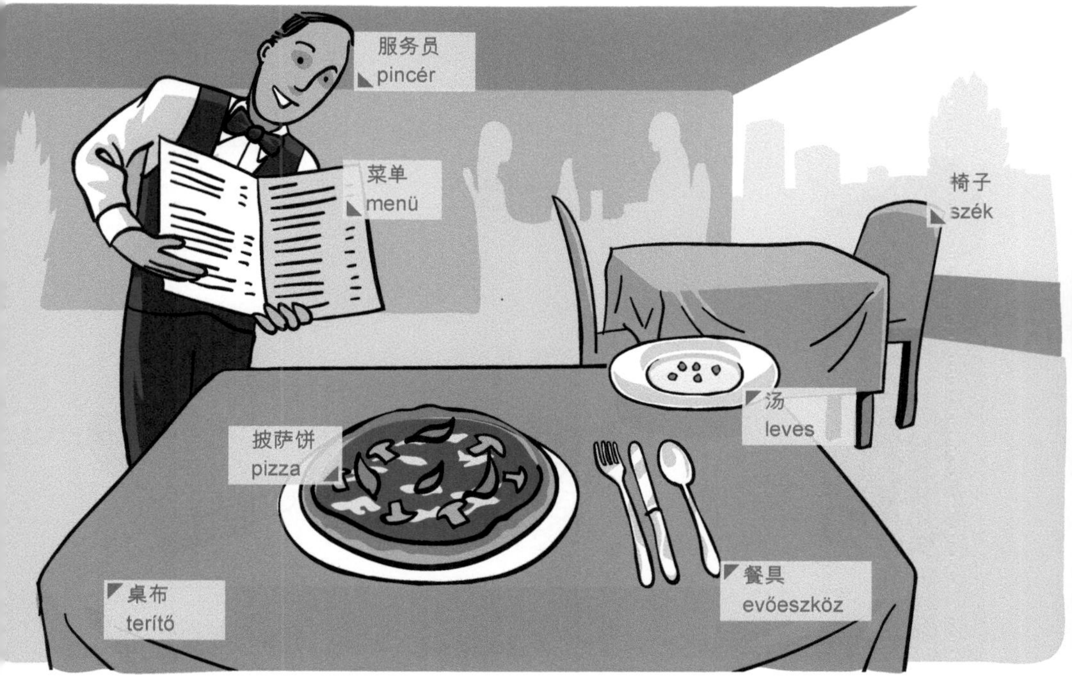
服务员
pincér
菜单
menü
椅子
szék
汤
leves
披萨饼
pizza
餐具
evőeszköz
桌布
terítő

前菜
előétel

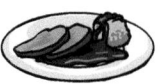

主菜
főétel

甜点
desszert

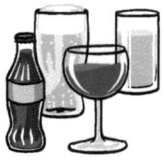

饮料
italok

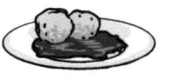

食物
étel

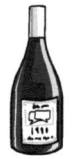

瓶子
üveg

**快餐**

gyorsétel

**街边小吃**

gyorsétel

**茶壶**

teás kanna

**糖盒**

cukortartó

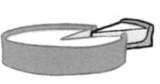

**一份饭菜**

adag

**意式咖啡机**

eszpresszógép

**高脚椅**

bárszék

**账单**

számla

**托盘**

tálca

**刀**

kés

**餐叉**

villa

**勺子**

kanál

**茶匙**

teáskanál

**餐巾**

szalvéta

**玻璃杯**

pohár

碟子

tányér

汤盘

leveses tányér

碟子

csészealj

酱

szósz

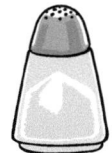

盐瓶

sószóró

胡椒磨

borsőrlő

醋

ecet

食用油

étkezési olaj

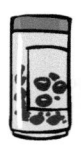

调味料

fűszerek

番茄酱

ketchup

芥末

mustár

蛋黄酱

majonéz

# 超市
## szupermarket

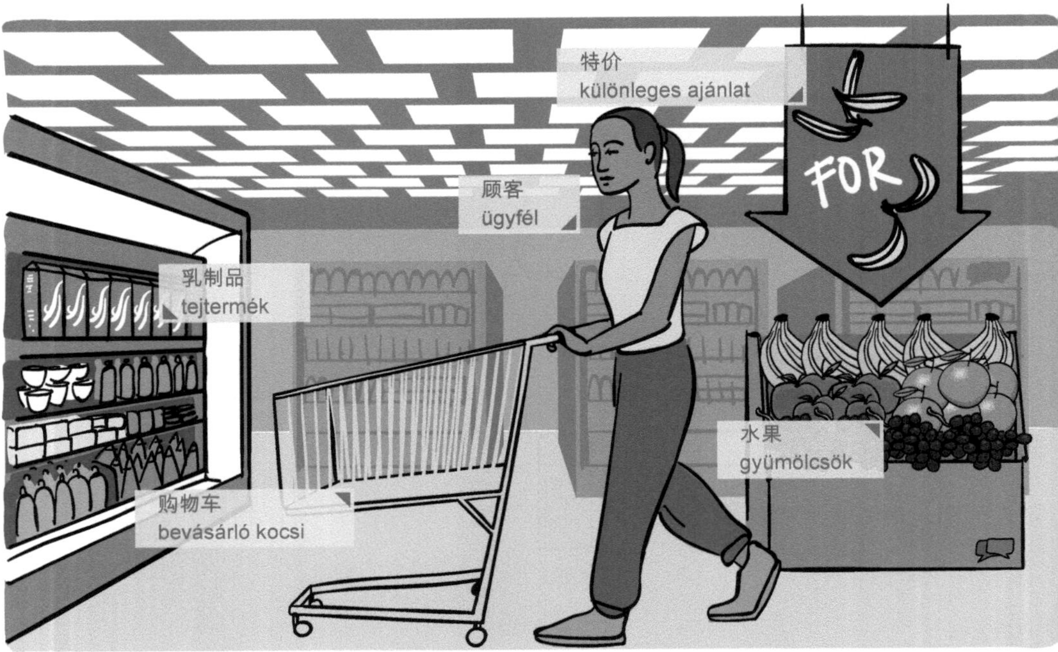

特价
különleges ajánlat
FOR
顾客
ügyfél
乳制品
tejtermék
水果
gyümölcsök
购物车
bevásárló kocsi


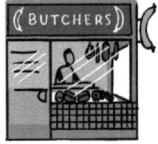

BUTCHERS


肉铺

hentes

BAKERY


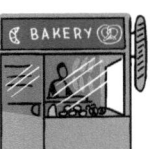

面包房

pékség

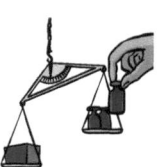

称重

nyom valamennyit

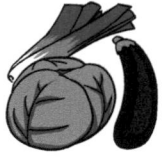

蔬菜

zöldség

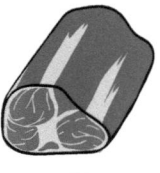

肉

hús

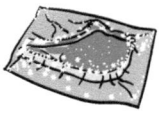

冷冻食品

fagyasztott áru

冷盘
felvágott

罐头食品
konzerv

洗衣粉
mosópor

甜食
édességek

日用品
háztartási termék

清洁用品
tisztítószerek

销售员
eladó

收银机
pénztárgép

收银员
eladó

购物清单
bevásárló lista

开放时间
nyitva tartás

钱包
levéltárca

信用卡
hitelkártya

袋子
zacskó

塑料袋
műanyag zacskó

水
víz

果汁
gyümölcslé

牛奶
tej

可乐
kóla

红酒
bor

啤酒
sör

酒
alkohol

可可
kakaó

茶
tea

咖啡
kávé

意式浓缩咖啡
eszpresszó

卡布奇诺
kapucsínó

**香蕉**

banán

**苹果**

alma

**橙子**

narancs

**西瓜**

sárgadinnye

**柠檬**

citrom

**胡萝卜**

sárgarépa

**大蒜**

fokhagyma

**竹子**

bambusz

**洋葱**

hagyma

**蘑菇**

gomba

**坚果**

magvak

**面条**

nokedli

意大利面条

spagetti

米饭

rizs

沙拉

saláta

薯条

sült krumpli

炸土豆

sült burgonya

披萨饼

pizza

汉堡包

hamburger

三明治

szendvics

炸猪排

hússzelet

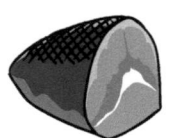

火腿

sonka

萨拉米

szalámi

香肠

kolbász

鸡肉

csirke

烤肉

pecsenye

鱼

hal

燕麦片
zabkása

穆兹利
müzli

玉米片
kukoricapehely

面粉
liszt

羊角面包
croissant

面包卷
zsemle

面包
kenyér

烤面包
pirítós kenyér

饼干
keksz

黄油
vaj

凝乳
túró

蛋糕
sütemény

蛋
tojás

煎蛋
tükörtojás

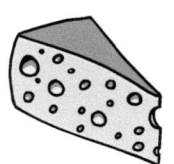

奶酪
sajt

冰激凌

jégkrém

糖

cukor

蜂蜜

méz

果酱

lekvár

巧克力酱

mogyorókrém

咖喱饭

curry

# 农场
# gazdálkodás

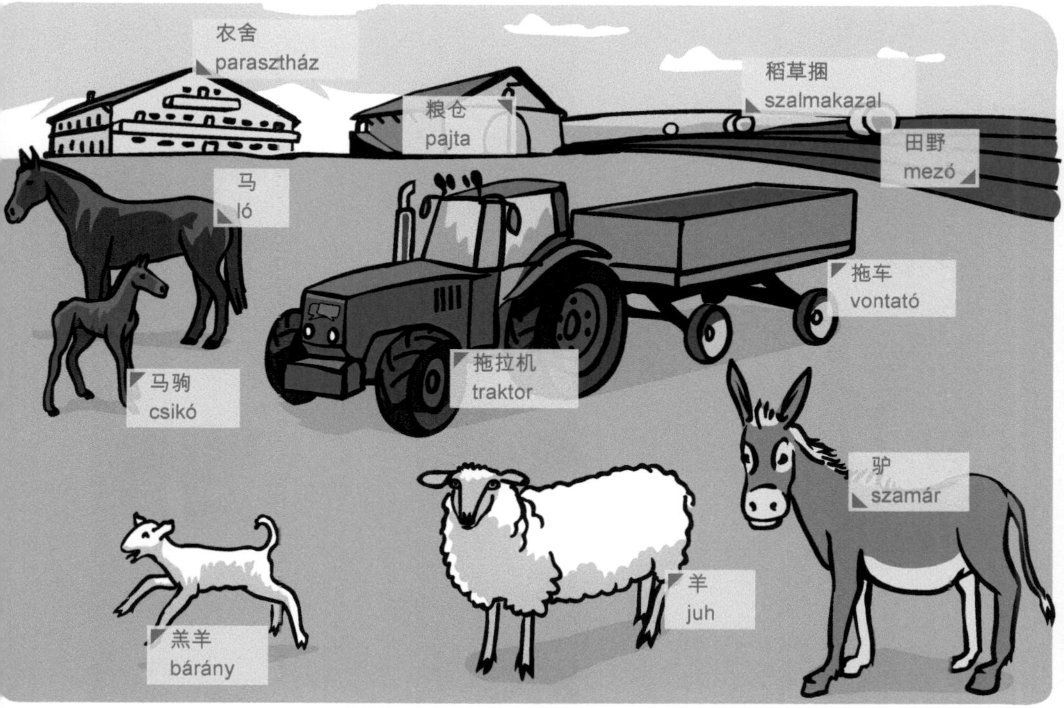

农舍
parasztház
粮仓
pajta
稻草捆
szalmakazal
田野
mező
马
ló
拖车
vontató
马驹
csikó
拖拉机
traktor
驴
szamár
羊
juh
羔羊
bárány


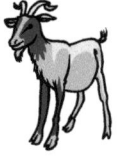

山羊

kecske

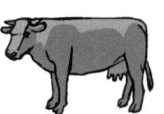

奶牛

tehén

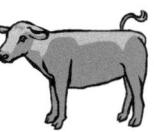

牛犊

borjú

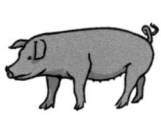

猪

malac

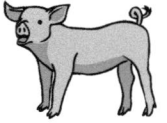

小猪

kismalac

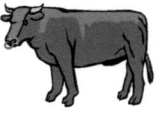

公牛

bika

鹅
liba

鸭
kacsa

小鸡
csibe

母鸡
tojó

公鸡
kakas

鼠
patkány

猫
macska

老鼠
egér

牛
ökör

狗
kutya

狗屋
kutyaház

花园浇水软管
kerti öntözőcső

洒水壶
öntözőkanna

长柄大镰刀
kasza

犁
eke

镰刀

sarló

锄头

kapa

长柄草耙

vasvilla

斧头

fejsze

独轮手推车

talicska

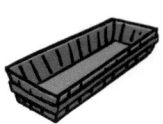

饲料槽

teknő

牛奶罐

tejes kancsó

麻布袋

zsák

栅栏

kerítés

马厩

istálló

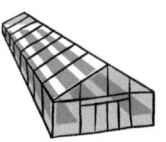

温室

üvegház

土壤

talaj

种子

vetőmag

肥料

trágya

联合收割机

cséplőgép

收割

szüretelni

收割

betakarítás

山药

yamgyökér

小麦

búza

大豆

szója

土豆

burgonya

玉米

kukorica

油菜籽

repcemag

果树

gyümölcsfa

树薯

manióka

谷物

gabona

# 房子
# ház

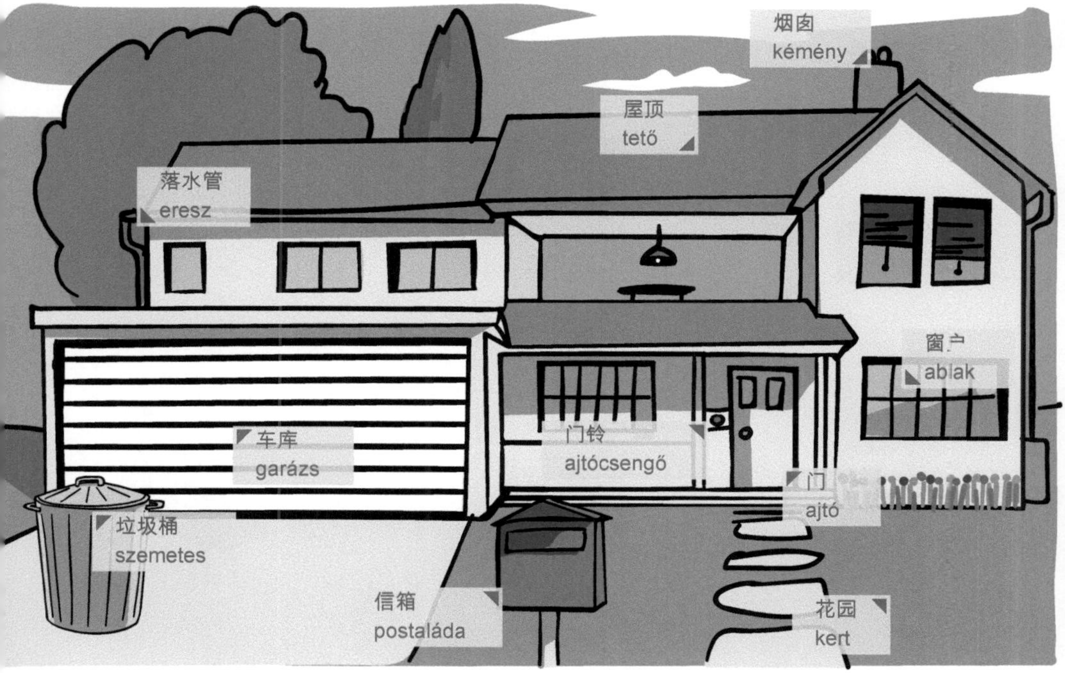

烟囱
kémény
屋顶
tető
落水管
eresz
窗户
ablak
车库
garázs
门铃
ajtócsengő
门
ajtó
垃圾桶
szemetes
信箱
postaláda
花园
kert


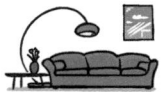

客厅

nappali

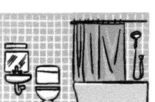

浴室

fürdőszoba

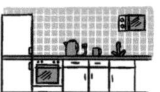

厨房

konyha

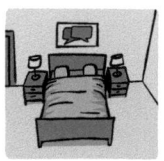

卧室

hálószoba

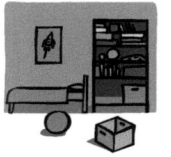

儿童房

gyerekszoba

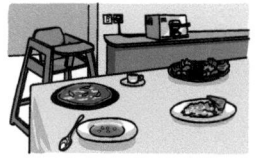

餐厅

ebédlő

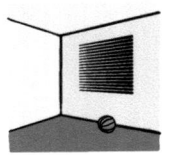

地板

padló

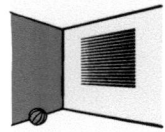

墙壁

fal

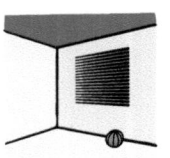

吊顶

plafon

地窖

pince

桑拿

szauna

阳台

erkély

露台

terasz

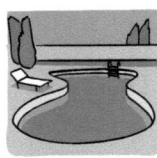

游泳池

medence

割草机

fűnyíró

被单

lepedő

床罩

ágytakaró

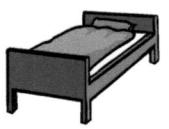

床

ágy

扫帚

seprű

水桶

vödör

开关

kapcsoló

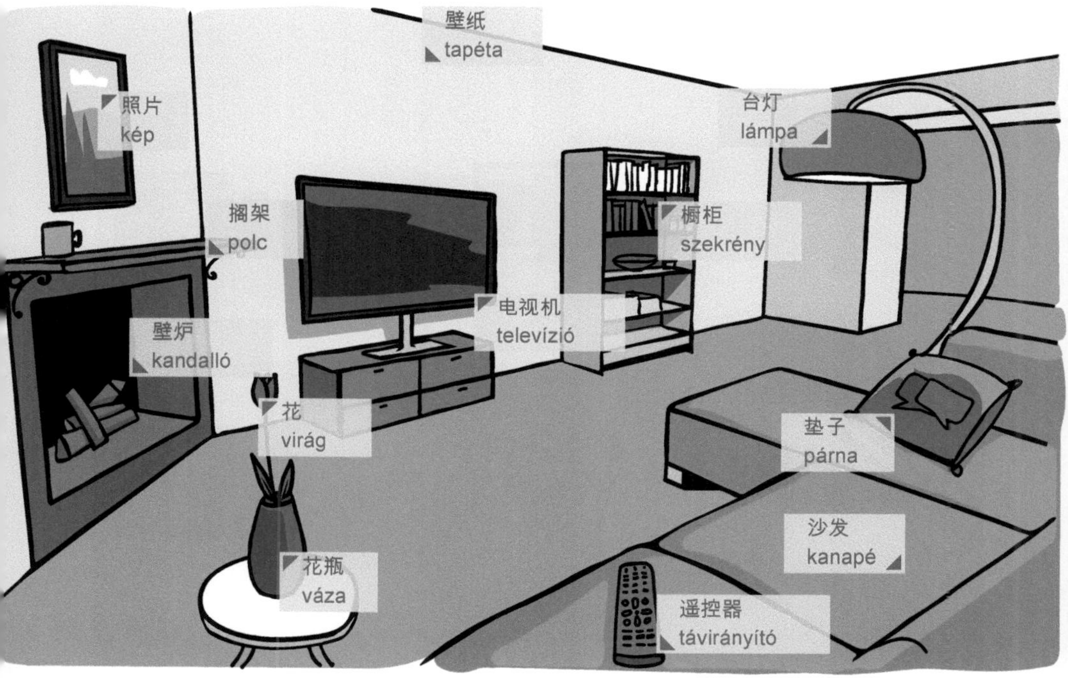

壁纸
tapéta

照片
kép

台灯
lámpa

搁架
polc

橱柜
szekrény

壁炉
kandalló

电视机
televízió

花
virág

垫子
párna

花瓶
váza

沙发
kanapé

遥控器
távirányító

地毯
szőnyeg

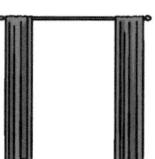

窗帘
függöny

餐桌
asztal

椅子
szék

摇椅
hintaszék

扶手椅
karosszék

书
könyv

毯子
takaró

装饰品
dekoráció

木柴
tűzifa

电影
film

高保真音响
hifi

钥匙
kulcs

报纸
újság

油画
festmény

海报
poszter

收音机
rádió

笔记本
jegyzetfüzet

吸尘器
porszívó

仙人掌
kaktusz

蜡烛
gyertya

# 厨房

# konyha

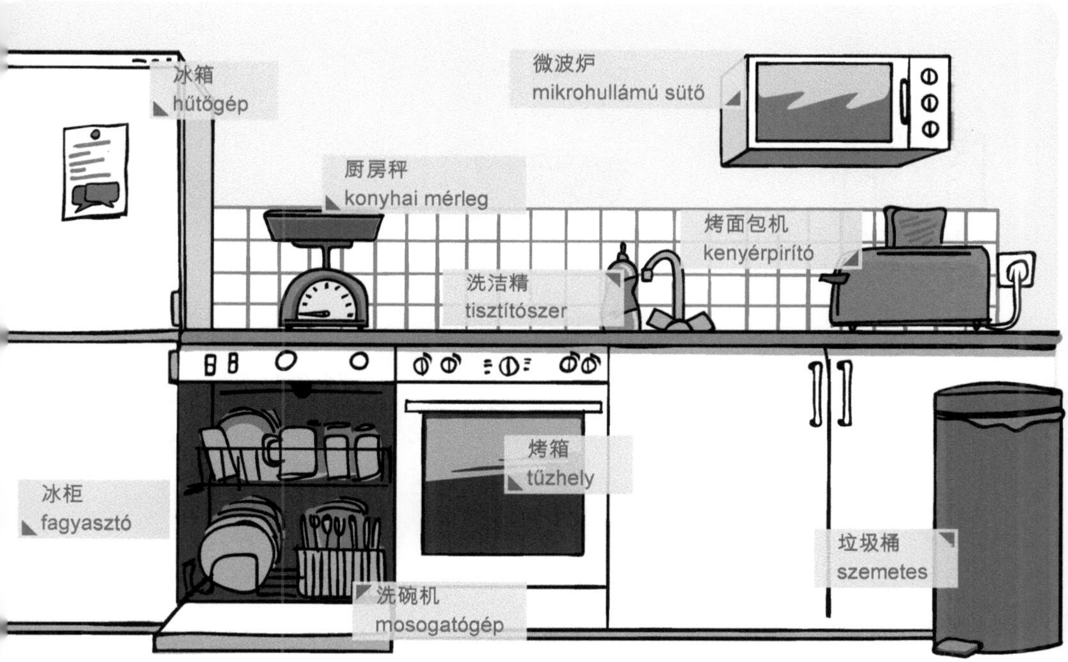

冰箱
hűtőgép
微波炉
mikrohullámú sütő
厨房秤
konyhai mérleg
烤面包机
kenyérpirító
洗洁精
tisztítószer
烤箱
tűzhely
冰柜
fagyasztó
垃圾桶
szemetes
洗碗机
mosogatógép


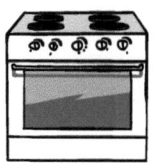

炊具

tűzhely

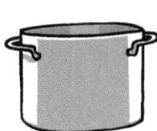

锅

edény

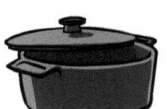

铸铁锅

vasfazék

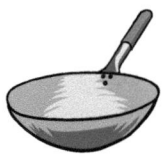

炒锅

wok / kadai

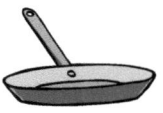

平底锅

serpenyő

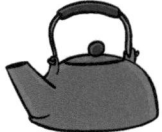

水壶

vízforraló

蒸锅
pároló

烤盘
tepsi

陶瓷锅
étkészlet

马克杯
bögre

碗
tálka

筷子
evőpálcika

长柄勺
merőkanál

铲子
keverőlapátka

搅拌器
habverő

滤网
szűrő

筛子
szita

磨碎机
reszelő

研钵
mozsár

烧烤
grillsütő

明火
kandalló

菜板
vágódeszka

擀面杖
sodrófa

开瓶器
dugóhúzó

罐子
doboz

开罐器
konzervnyitó

隔热手套
edényfogó

水槽
mosogató

刷子
kefe

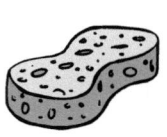

海绵
szivacs

搅拌机
turmixgép

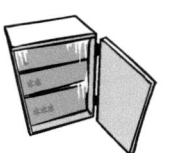

冷藏箱
mélyhűtő

奶瓶
cumisüveg

水龙头
csap

# 浴室

## fürdőszoba

供暖设备
fűtés

淋浴
zuhany

毛巾
törölköző

浴帘
zuhanyfüggöny

泡沫浴
habfürdő

浴缸
kád

玻璃杯
pohár

洗衣机
mosógép

水龙头
csap

瓷砖
csempe

便壶
bili

水槽
mosogató

厕所
toalett

蹲便器
guggolós toalett

坐浴器
bidé

小便池
piszoár

厕纸
toalett papír

马桶刷
wc kefe

牙刷
fogkefe

牙膏
fogkrém

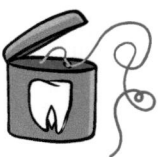

牙线
fogselyem

洗
mosni

手持式喷淋头
kézi zuhany

冲洗器
intimzuhany

洗脸盆
mosdótál

擦背刷
hátmosó kefe

肥皂
szappan

沐浴露
tusfürdő

洗发水
sampon

法兰绒
mosdókesztyű

排水
lefolyó

乳霜
krém

除臭剂
dezodor

浴室 - fürdőszoba

镜子
tükör

手镜
kézitükör

剃须刀
borotva

剃须泡沫
borotvahab

须后水
borotválkozás utáni
arcszesz

梳子
fésű

刷子
hajkefe

吹风机
hajszárító

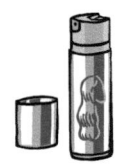

喷发定型剂
hajlakk

化妆品
smink

唇膏
ajakrúzs

指甲油
körömlakk

化妆棉
vatta

指甲剪
körömvágó olló

香水
parfüm

洗漱包

neszesszer

凳子

sámli

计重秤

mérleg

浴袍

köntös

橡胶手套

gumikesztyű

卫生棉条

tampon

卫生巾

egészségügyi betét

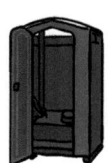

化学厕所

vegyi WC

浴室 - fürdőszoba

# 儿童房
# gyerekszoba

闹钟
ébresztő óra
毛绒玩具
plüssállat
玩具车
játékautó
拨浪鼓
csörgő
玩具屋
babaház
礼物
ajándék


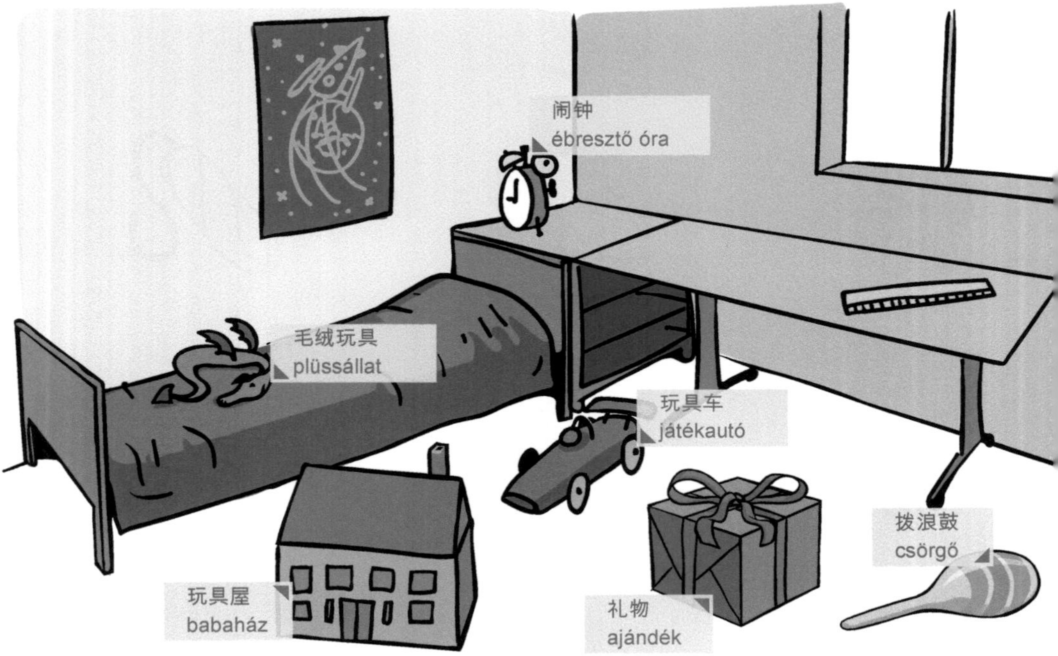

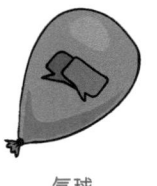

气球

lufi

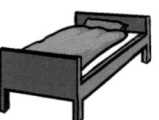

床

ágy

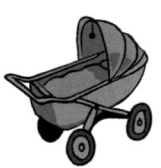

（洋娃娃用）婴儿车

babakocsi

扑克牌

kártyapakli

拼图

kirakós játék

SUPER
MEGA


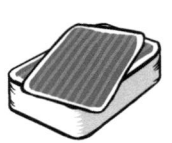

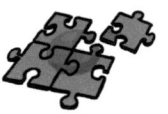

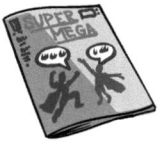

漫画

képregény

乐高积木

építőkockák

积木玩具

építőelem

玩具人

szuperhős

婴儿服

rugdalózó

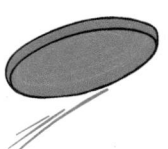

飞盘

frizbi

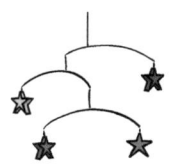

床铃玩具

zenélő forgó

棋盘游戏

társasjáték

骰子

kocka

火车模型

modellvasút

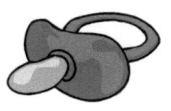

安抚奶嘴

cumi

聚会

zsúr

绘本

képeskönyv

球

labda

洋娃娃

baba

玩

játszani

沙坑
homokozó

秋千
hinta

玩具
játékok

游戏机
videójáték konzol

三轮车
tricikli

泰迪熊
teddi maci

衣柜
ruhásszekrény

## 衣服
### ruházat

袜子
zokni

长袜
harisnya

紧身裤
harisnyanadrág

围巾
sál

雨伞
esernyő

T恤
póló

皮带
öv

靴子
csizma

拖鞋
papucs

运动鞋
tornacipő

凉鞋
szandál

鞋
cipő

雨靴
gumicsizma

内裤
alsónadrág

胸罩
melltartó

背心
mellény

衣服 - ruházat

身体

body

裤子

nadrág

牛仔裤

farmer

短裙

szoknya

女式衬衫

blúz

衬衫

ing

套头衫

pulóver

卫衣

kapucnis pulóver

西装夹克

blézer

夹克

dzseki

外套

kabát

雨衣

esőkabát

套装

kosztüm

连衣裙

ruha

婚纱

esküvői ruha

西装

öltöny

睡袍

hálóing

睡衣

pizsama

莎丽

szári

头巾

fejkendő

包头巾

turbán

波卡

burka

卡夫坦

kaftán

(阿拉伯式)长袍

abaya

泳衣

fürdőruha

男式泳裤

fürdőnadrág

短裤

rövidnadrág

运动服

tréningruha

围裙

kötény

手套

kesztyű

衣服 - ruházat

纽扣

gomb

眼镜

szemüveg

手链

karkötő

项链

nyaklánc

戒指

gyűrű

耳环

fülbevaló

便帽

sapka

衣架

vállfa

帽子

kalap

领带

nyakkendő

拉链

cipzár

头盔

bukósisak

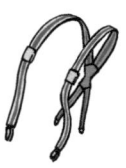

背带

nadrágtartó

校服

iskolai egyenruha

制服

egyenruha

围兜

elöke

安抚奶嘴

cumi

尿不湿

pelenka

# 办公室
## iroda

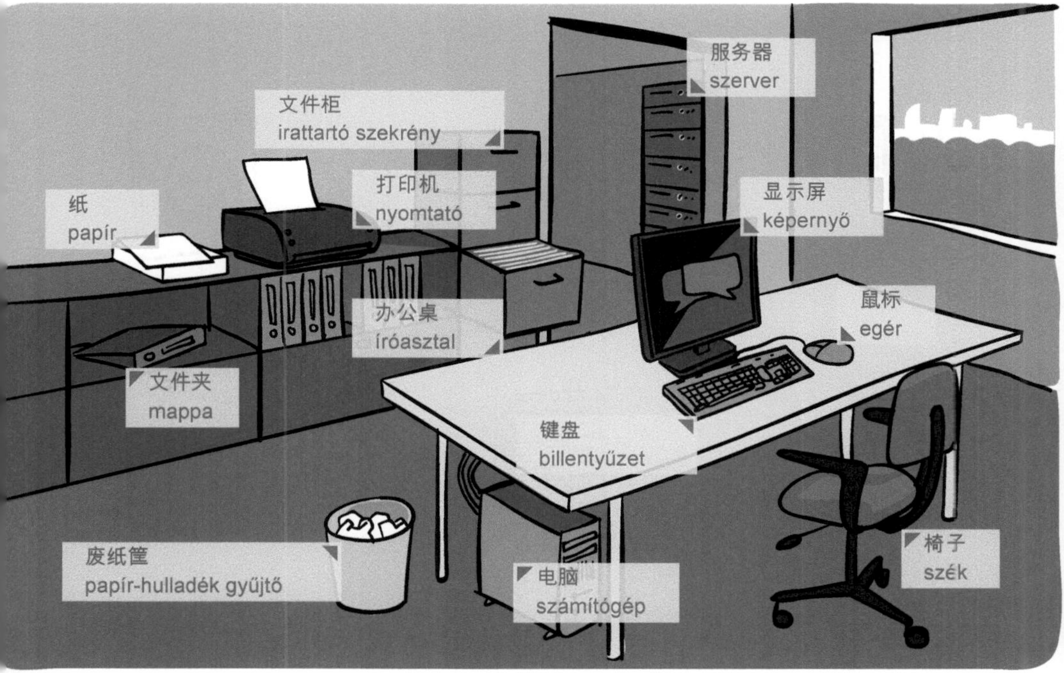

服务器
szerver

文件柜
irattartó szekrény

打印机
nyomtató

纸
papír

显示屏
képernyő

办公桌
íróasztal

鼠标
egér

文件夹
mappa

键盘
billentyűzet

废纸篓
papír-hulladék gyűjtő

电脑
számítógép

椅子
szék

咖啡杯

kávéscsésze

计算器

számológép

因特网

internet

笔记本电脑
laptop

信件
levél

消息
üzenet

手机
mobiltelefon

网络
hálózat

复印机
fénymásoló

软件
szoftver

电话
telefon

插座
konnektor

传真机
faxgép

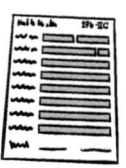

表格
formanyomtatvány

文件
dokumentum

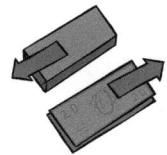

买

venni

付钱

fizetni

交易

kereskedni

现金

pénz

美元

dollár

欧元

euró

日元

jen

卢布

rubel

瑞士法郎

svájci frank

人民币

kínai jüan

卢比

rúpia

提款处

bankautomata

外币兑换处

valutaváltó iroda

金

arany

银

ezüst

石油

olaj

能源

energia

价格

ár

合同

szerződés

税金

adó

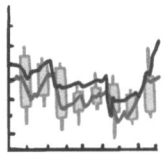

股票

részvény

工作

dolgozni

职员

munkavállaló

老板

munkaadó

工厂

gyár

商店

üzlet

# 职业
# foglalkozások

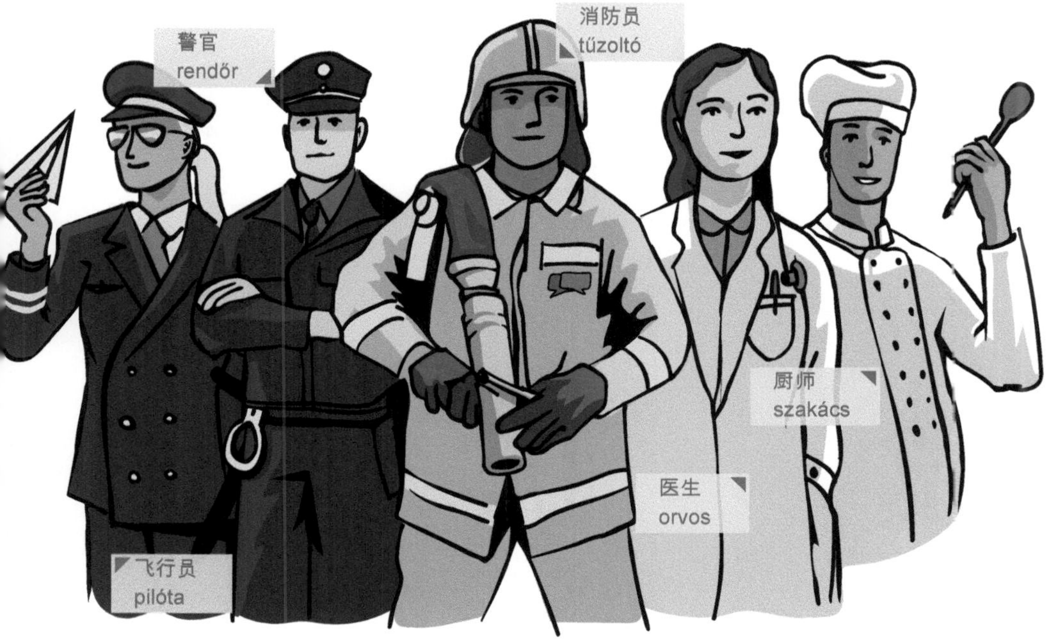
警官
rendőr
消防员
tűzoltó
厨师
szakács
医生
orvos
飞行员
pilóta

园丁

kertész

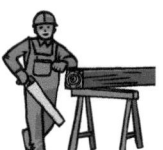

木匠

kárpitos

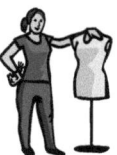

裁缝

varrónő

法官

bíró

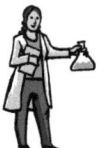

化学家

vegyész

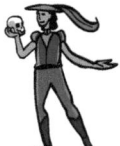

演员

színész

公交车司机

buszsofőr

出租车司机

taxisofőr

渔夫

halász

清洁女工

bejárónő

屋顶工

tetőfedő

服务员

pincér

猎人

vadász

画家

festő

面包师

pék

电工

villanyszerelő

建筑工人

építőmunkás

工程师

mérnök

屠夫

hentes

水管工

vízvezeték-szerelő

邮递员

postás

士兵

katona

建筑师

építész

收银员

eladó

花农

virágos

理发师

fodrász

售票员

kalauz

机械师

műszerész

船长

kapitány

牙医

fogorvos

科学家

tudós

拉比

rabbi

伊玛目

imám

和尚

szerzetes

牧师

lelkész

# 工具

# szerszámok

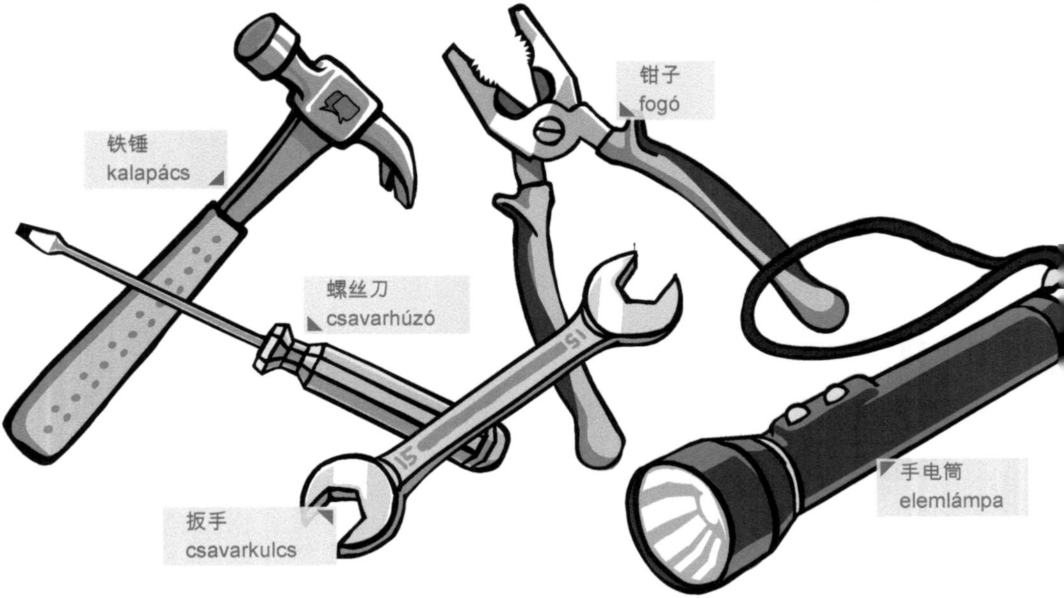
钳子
fogó
铁锤
kalapács
螺丝刀
csavarhúzó
手电筒
elemlámpa
扳手
csavarkulcs

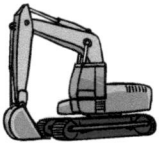

挖掘机

markológép

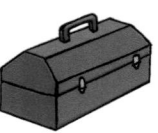

工具箱

szerszámosláda

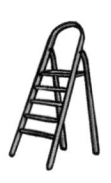

梯子

vödör

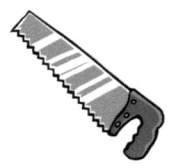

锯子

fűrész

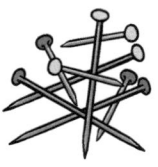

钉子

szög

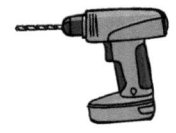

钻机

fúrógép

修
megjavítani

铲子
lapát

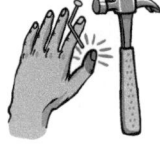

靠！
A francba!

簸箕
szemétlapát

油漆桶
festékesdoboz

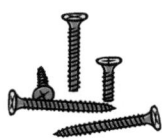

螺丝
csavar

## 乐器
# hangszerek

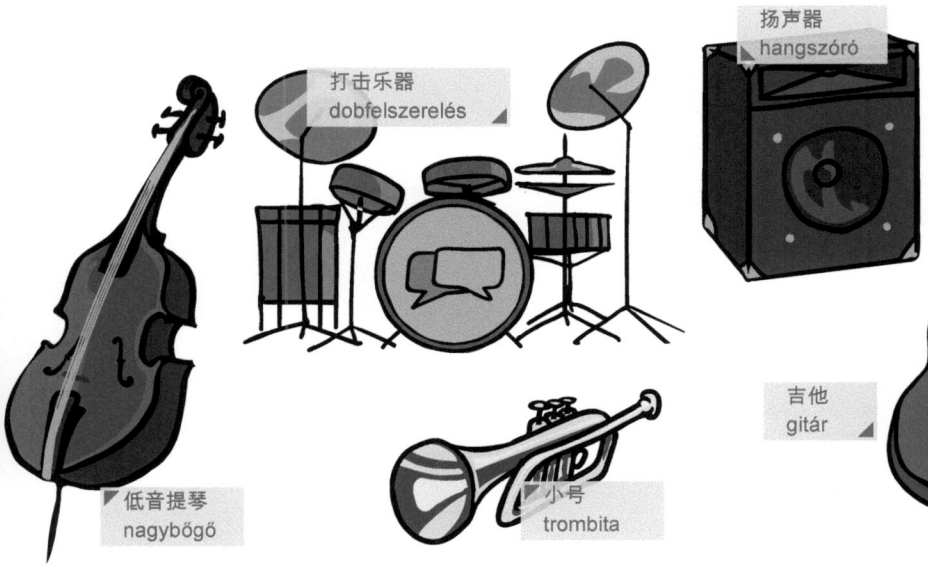

打击乐器
dobfelszerelés

扬声器
hangszóró

吉他
gitár

低音提琴
nagybőgő

小号
trombita

钢琴

zongora

小提琴

hegedű

贝斯

basszusgitár

定音鼓

üstdob

鼓

dobok

电子琴

digitális zongora

萨克斯管

szaxofon

长笛

fuvola

麦克风

mikrofon

# 动物园
# állatkert

老虎
tigris

笼子
kalitka

斑马
zebra

动物饲料
állateledel

入口
bejárat

熊猫
panda

动物
állatok

大象
elefánt

袋鼠
kenguru

犀牛
orrszarvú

大猩猩
gorilla

熊
medve

骆驼

teve

鸵鸟

strucc

狮子

oroszlán

猴子

majom

火烈鸟

flamingó

鹦鹉

papagáj

北极熊

jegesmedve

企鹅

pingvin

鲨鱼

cápa

孔雀

páva

蛇

kígyó

鳄鱼

krokodil

动物园管理员

állatgondozó

海豹

fóka

美洲豹

jaguár

矮种马

póniló

豹

leopárd

河马

víziló

长颈鹿

zsiráf

老鹰

sas

野猪

vaddisznó

鱼

hal

龟

teknős

海象

rozmár

狐狸

róka

羚羊

gazella

橄榄球
amerikai futball

骑自行车
kerékpározás

网球
tenisz

篮球
kosárlabda

游泳
úszás

拳击
boksz

冰球
jégkorong

英式足球
futball

羽毛球
tollas

田径
atlétika

手球
kézilabda

滑雪
síelés

马球
lovaspóló

笑
nevetni

跳
ugrani

拥抱
ölelni

走路
sétáln

唱
énekelni

做梦
álmodni

祈祷
dicsérni

亲吻
csókolni

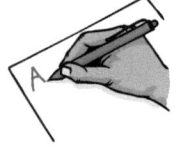

书写
írni

画
rajzolni

展示
mutatni

推
tolni

给
adni

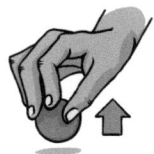

拿
vinni

有
birtokolni

做
csinálni

当
lenni

站
állni

跑
futni

拉
húzni

扔
hajít

摔倒
esni

躺
hazudni

等待
várni

携带
vinni

坐
ülni

穿衣
felvenni

睡觉
aludni

醒来
felébredni

看
ránézni

哭
sírni

抚摸
simogat

梳头
fésülni

交谈
beszélni

明白
megérteni

问
kérdezni

听
hallgatni

喝
inni

吃
enni

清理
takarítani

爱
szeretni

做饭
főzni

开车
vezetni

飞
szállni

航行

vitorlázni

计算

számol

读

olvasni

学习

tanulni

工作

dolgozni

结婚

házasodni

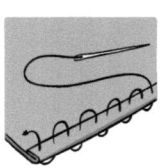

缝

varrni

刷牙

fogat mosni

杀

ölni

抽烟

dohányozni

寄

küldeni

# 家

# család

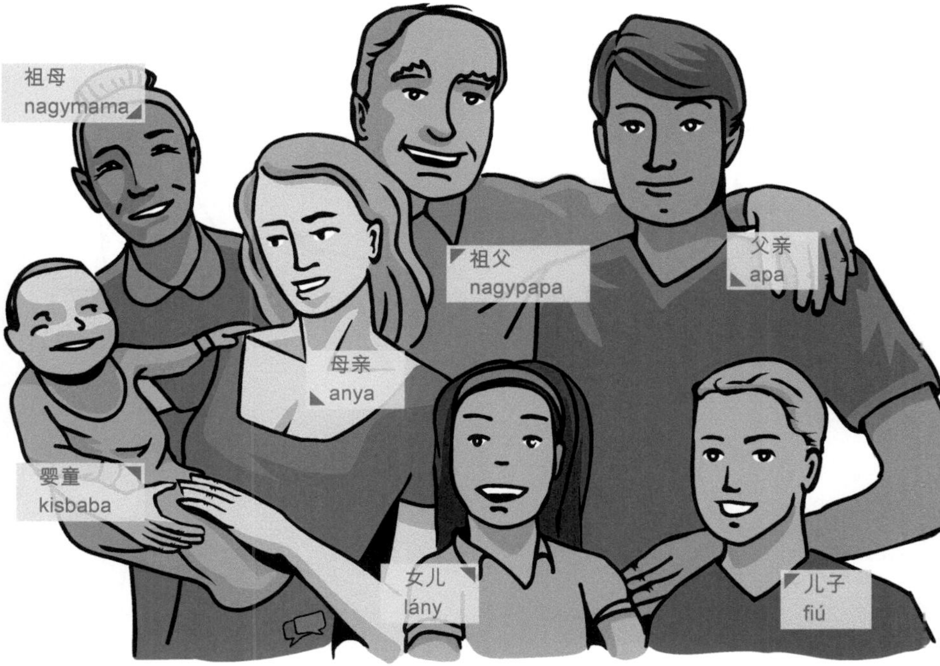

祖母
nagymama
祖父
nagypapa
父亲
apa
母亲
anya
婴童
kisbaba
女儿
lány
儿子
fiú


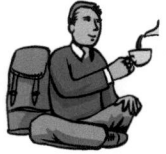

客人

vendég

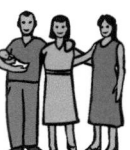

阿姨

nagynéni

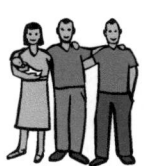

叔叔

nagybácsi

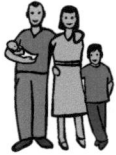

兄弟

fiútestvér

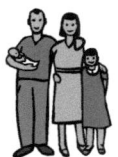

姐妹

lánytestvér

# 身体

## test

前额
homlok
眼睛
szem
脸
arc
下巴
áll
手指
ujj
手
kéz
乳房
mell
手臂
kar
肩膀
váll
腿
láb


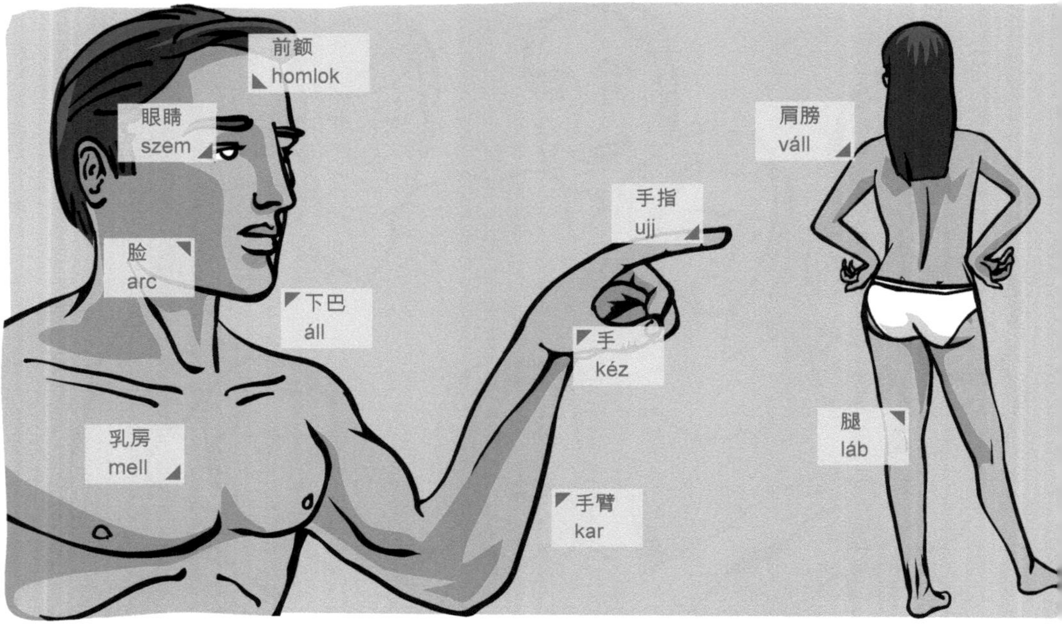

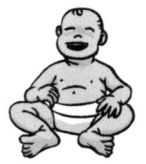

婴童

kisbaba

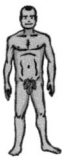

男人

ember

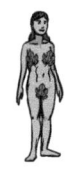

女人

nő

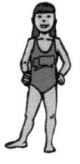

女孩

lány

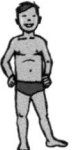

男孩

fiú

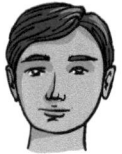

头

fej

背部

hát

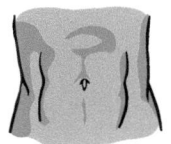

肚子

has

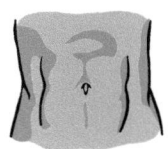

肚脐

köldök

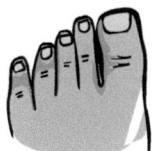

脚趾

lábujj

脚后跟

sarok

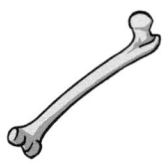

骨头

csont

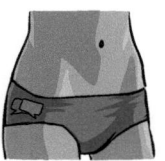

臀部

csípő

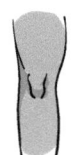

膝盖

térd

手肘

könyök

鼻子

orr

屁股

fenék

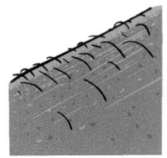

皮肤

bőr

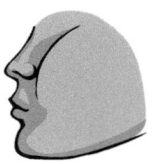

脸颊

orca

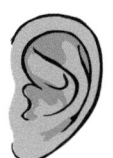

耳朵

fül

嘴唇

ajak

**身体 - test**

嘴

száj

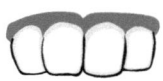

牙齿

fog

舌头

nyelv

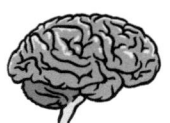

脑

agy

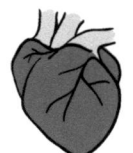

心脏

szív

肌肉

izom

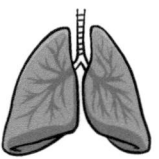

肺

tüdő

肝脏

máj

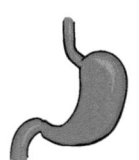

胃

gyomor

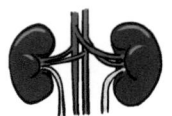

肾脏

vese

性交

szex

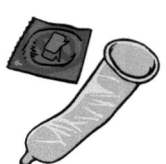

避孕套

kondom

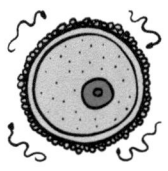

卵子

petesejt

精子

sperma

怀孕

terhesség

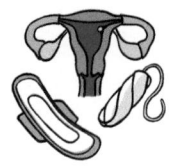

月经

menstruáció

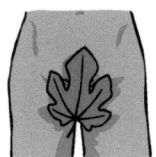

阴道

vagina

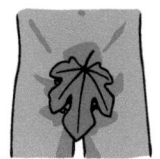

阴茎

pénisz

眉毛

szemöldök

头发

haj

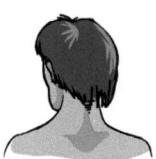

脖子

nyak

# 医院
# kórház

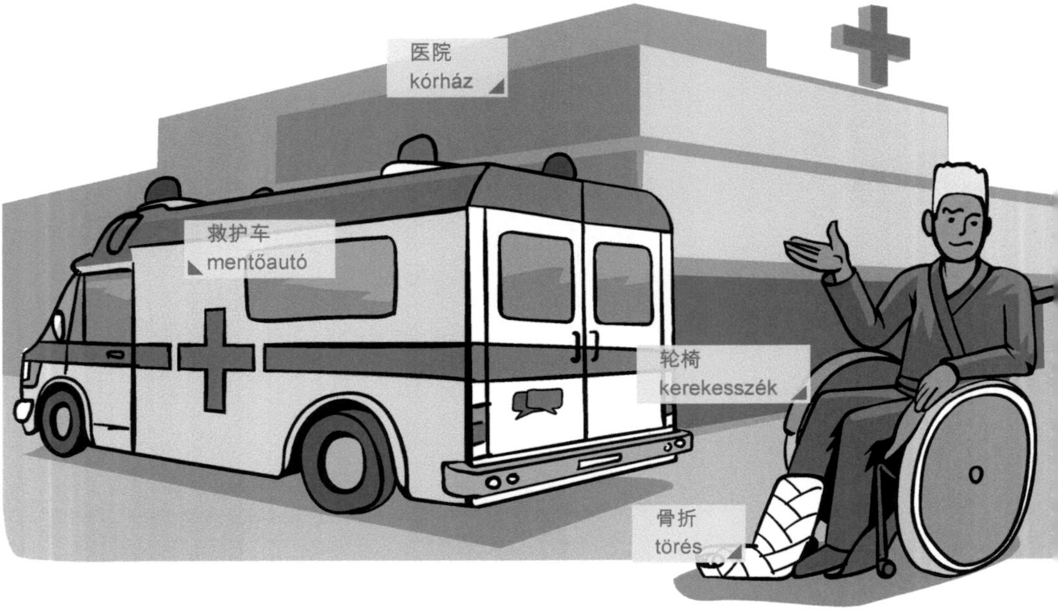

医院
kórház
救护车
mentőautó
轮椅
kerekesszék
骨折
törés

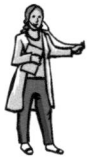

医生
orvos

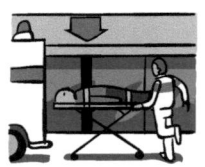

急诊室
sürgősségi osztály

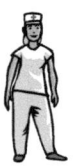

护士
ápoló

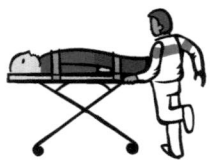

紧急情况
vészhelyzet

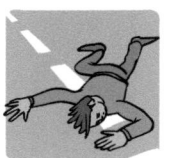

昏迷
eszméletlen

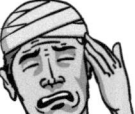

痛
fájdalom

受伤

sérülés

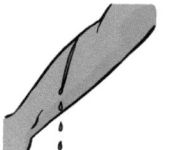

出血

vérzés

心脏病发作

szívroham

中风

szélütés

过敏

allergia

咳嗽

köhögés

发烧

láz

流感

influenza

腹泻

hasmenés

头痛

fejfájás

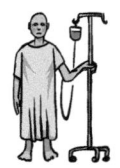

癌症

rák

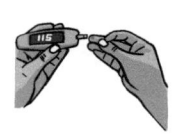

糖尿病

cukorbetegség

外科医生

sebész

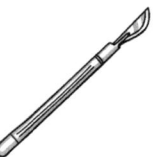

手术刀

szike

手术

műtét

CT

CT

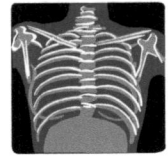

X光

röntgen

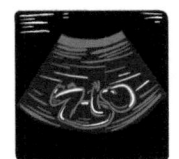

超声波

ultrahang

口罩

arcmaszk

疾病

betegség

候诊室

váróterem

拐杖

mankó

石膏

sebtapasz

绷带

kötszer

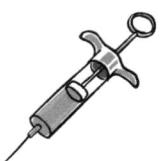

注射

injekció

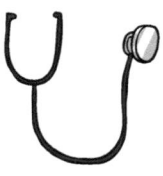

听诊器

sztetoszkóp

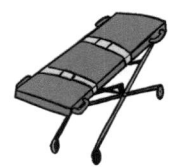

担架

hordágy

体温计

klinikai hőmérő

出生

születés

超重

túlsúly

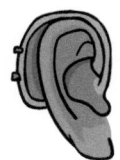

助听器

hallókészülék

消毒液

fertőtlenítőszer

感染

fertőzés

病毒

vírus

艾滋病

HIV/AIDS

药物

orvosság

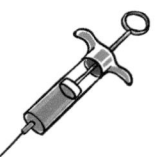

接种疫苗

oltás

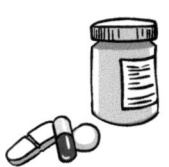

药片

tabletták

药丸

tabletta

急救电话

sürgősségi hívás

血压计

vérnyomásmérő

生病/健康

betegség / egészség

救命！

Segítség!

警报

riasztás

突击

rajtaütés

攻击

támadás

危险

veszély

紧急出口

vészkijárat

着火啦！

tűz!

灭火器

tűzoltókészülék

意外

baleset

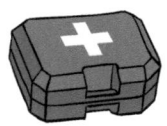

急救箱

elsősegélycsomag

呼救信号

SOS

警察

rendőrség

欧洲

Európa

北美洲

Észak-Amerika

南美洲

Dél-Amerika

非洲

Afrika

亚洲

Ázsia

澳洲

Ausztrália

大西洋

Atlanti-óceán

太平洋

Csendes-óceán

印度洋

Indiai-óceán

南冰洋

Déli-óceán

北冰洋

Jeges-tenger

北极

Északi-sark

南极

Déli-sark

南极洲

Antarktisz

地球

föld

陆地

szárazföld

海

tenger

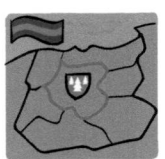

岛

sziget

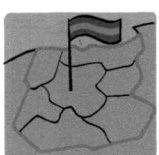

国家

nemzet

国家

állam

钟面

számlap

时针

kismutató

分针

nagymutató

秒针

másodpercmutató

现在几点？

Mennyi az idő?

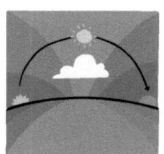

天

nap

时间

idő

现在

most

电子表

digitális óra

分

perc

时

óra

# 周
## hét

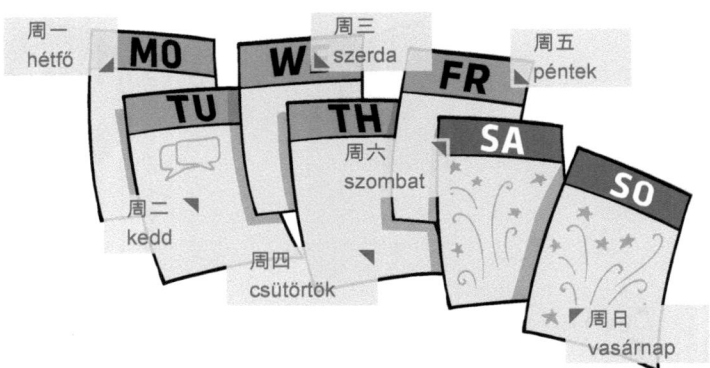

周一 hétfő
周二 kedd
周三 szerda
周四 csütörtök
周五 péntek
周六 szombat
周日 vasárnap

昨天

tegnap

今天

ma

明天

holnap

早晨

reggel

中午

dél

晚上

este

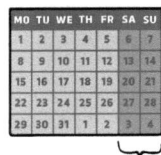

工作日

hétköznap

周末

hétvége

雨
eső

彩虹
szivárvány

雪
hó

风
szél

春
tavasz

夏
nyár

秋
ősz

冬
tél

天气预报

időjárás előrejelzés

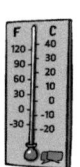

温度计

hőmérő

阳光

napsütés

云

felhő

雾

köd

潮湿

páratartalom

闪电

villámlás

打雷

mennydörgés

风暴

vihar

冰雹

jégeső

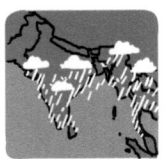

季风

monszun

洪水

áradás

冰

jég

一月

január

二月

február

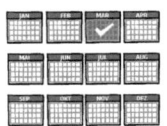

三月

március

四月

április

五月

május

六月

június

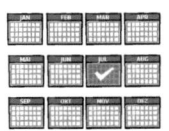

七月

július

八月

augusztus

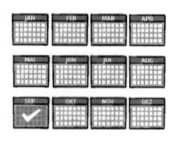

九月

szeptember

十月

október

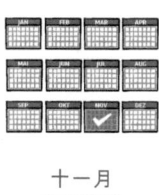

十一月

november

十二月

december

## 形状

## alakzatok

圆形

kör

正方形

négyzet

长方形

téglalap

三角形

háromszög

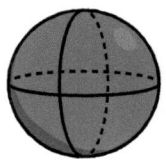

球体

gömb

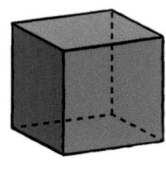

立方体

kocka

# 颜色

## színek

白
.............
fehér

黄
.............
sárga

橙
.............
narancs

粉
.............
rózsaszín

红
.............
piros

紫
.............
lila

蓝
.............
kék

绿
.............
zöld

棕
.............
barna

灰
.............
szürke

黑
.............
fekete

很多/少许

sok / kevés

生气/平静

mérges / nyugodt

美/丑

szép / csúnya

首/尾

kezdet / vég

大/小

nagy / kicsi

明/暗

világos / sötét

兄弟/姐妹

fivér / nővér

干净/肮脏

tiszta / koszos

完整/缺失

teljes / nem teljes

白天/晚上

nappal / éjszaka

死/生

halott / élő

宽/窄

széles / keskeny

可食用/非食用

ehető / nem ehető

邪恶/善良

gonosz / kedves

兴奋/无聊

izgatott / unott

胖/瘦

kövér / vékony

第一/最后

első / utolsó

朋友/敌人

barát / ellenség

满/空

teli / üres

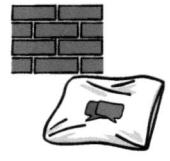

硬/软

kemény / puha

重/轻

nehéz / könnyű

饿/渴

éhség / szomjúság

生病/健康

betegség / egészség

非法/合法

illegális / legális

聪明/愚笨

intelligens / buta

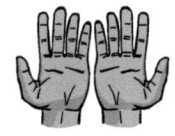

左/右

bal / jobb

近/远

közel / távol

新/旧

új / használt

没有/有些

semmi / valami

老/幼

idős / fiatal

开/关

be / ki

打开/合上

nyitva / zárva

安静/吵闹

csendes / hangos

富/穷

gazdag / szegény

对/错

helyes / helytelen

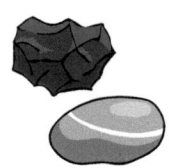

粗糙/光滑

érdes / sima

伤心/高兴

szomorú / vidám

短/长

rövid / hosszú

慢/快

lassú / gyors

湿/干

nedves / száraz

温暖/凉爽

meleg / hideg

战争/和平

háború / béke

# 数字

## számok

| | | |
|---|---|---|
| **0** | **1** | **2** |
| 零 | 一 | 二 |
| nulla | egy | kettő |
| **3** | **4** | **5** |
| 三 | 四 | 五 |
| három | négy | öt |
| **6** | **7** | **8** |
| 六 | 七 | 八 |
| hat | hét | nyolc |
| **9** | **10** | **11** |
| 九 | 十 | 十一 |
| kilenc | tíz | tizenegy |

**12**

十二

tizenkettő

**13**

十三

tizenhárom

**14**

十四

tizennégy

**15**

十五

tizenöt

**16**

十六

tizenhat

**17**

十七

tizenhét

**18**

十八

tizennyolc

**19**

十九

tizenkilenc

**20**

二十

húsz

**100**

百

száz

**1.000**

千

ezer

**1.000.000**

百万

millió

英语

angol

美式英语

amerikai angol

普通话

mandarin kínai

印地语

hindi

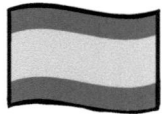

西班牙语

spanyol

法语

francia

阿拉伯语

arab

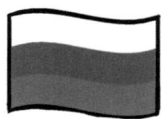

俄语

orosz

葡萄牙语

portugál

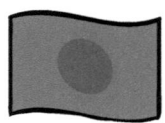

孟加拉语

bengáli

德语

német

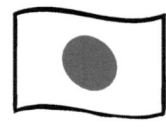

日语

japán

我

én

你

te

他/她/它

ő

我们

mi

你们

ti

他们

ők

谁？

ki?

什么？

mi?

怎样？

hogyan?

哪里？

hol?

什么时候？

mikor?

名字

név

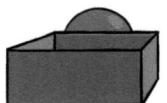

后面

mögött

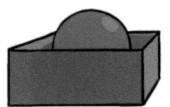

里面

benne

前面

elötte

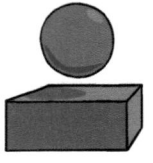

上方

felette

上面

rajta

下面

alatta

旁边

mellett

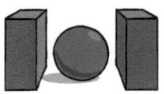

中间

között

地点

hely